CATALOGUE

DE LIVRES

DE NUMISMATIQUE

ET D'ARCHÉOLOGIE

QUI SE TROUVENT

CHEZ M. ROLLIN, 12, RUE VIVIENNE,

A PARIS.

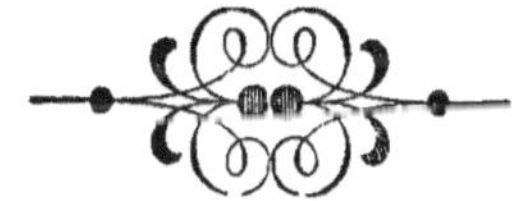

PARIS
IMPRIMERIE DE POMMERET ET MOREAU,
42, RUE VAVIN.

1860.

CATALOGUE

DE LIVRES

DE NUMISMATIQUE

ET D'ARCHÉOLOGIE

QUI SE TROUVENT

CHEZ M. ROLLIN, RUE VIVIENNE, 12, A PARIS.

		fr.	c.
1.	**Agostini.** — Medaglie ed altre anticaglie divisi in dialoghi. Roma, 1696. 1 vol. in-4, 72 pl.	7	»
2.	**Ainslie.** — Illustrations of the french coinage. Londres, 1830. In-4, 17 pl.	27	»
3.	**Akerman.** — Coins of the Romans relating to Britain. Londres, 1840. 1 vol. in-8, 17 pl., rel.	14	»
4.	**Akerman.** — Numismatic Manuel. Londres, 1840. 1 vol. in-4, avec pl.	30	»
5.	**Alkemade.** — Penningen der Graaven en Gravinnen van Holland. 1 vol. in-fol., avec quantité de pl. Belt, 1700. . .	20	»
6.	**Allier de Hauteroche.** — Essai sur l'explication d'une tessère antique portant deux dates. Paris, 1820. In-4, 1 pl.	4	»
7.	— Mémoire sur une médaille inédite de Polemon Ier, roi de Pont. Broch. in-8. Cambrai, 1826.	1	50
8.	**Anonyme.** — Notice historique sur l'ancien chapitre impérial des chanoinesses de Thorn. In-8, avec pl. Gand, 1850.	6	»
9.	— Notice historique sur l'ancien comté de Thorn. In-8, pl. Gand, 1850.	6	»
10.	— Médailles du règne de Louis le Grand. 1 vol. in-4, pl. Paris, 1702.	20	»

fr. c.

11. **Banduri.** — Numismata Romanorum a Trajano Decio ad Palæologos Augustos. 2 vol in-fol., pl. Paris, 1718. . . . . 50 »

12. **Barthelemy.** — Numismatique ancienne. 1 vol. in-18, avec pl. . . . . 5 »

13. — Numismatique moderne. 1 vol. in-18, avec pl. . . . . . . 5 »

14. **Bary.** — Essai d'attribution d'une médaille gauloise inédite. Broch. in-8, 1 pl. 1 50

15. — Note sur quelques médailles numides et mauritaniennes. Broch. in-8. . . . . 1 »

16. — Catalogue de l'exposition de Toulouse en 1858. Broch. . . 1 50

17. — Dissertation sur des poids de ville au moyen âge. Broch. . 1 25

18. — Recherches historiques sur les registres des délibérations des curies romaines. Broch. 1 25

19. — Les Eaux thermales de Lez à l'époque romaine. Broch. . 2 »

20. **Bazinghen.** — Traité des monnaies et de la juridiction de la cour des monnaies. 2 vol. in-4, en forme de dictionnaire. Paris, 1764. . . . . 15 »

21. **Beger.** — Thesaurus brandenburgicus, gemmarum et numismatum Græcorum. 3 vol. in-fol., avec un grand nombre de pl. et figures dans le texte. 2 vol. in-fol. Cologne, 1686. 30 »

22. **Beauvais.** — Manière de discerner les médailles antiques de celles contrefaites. Pet. in-4. Dresde, 1794. . . . . 8 »

23. **Beauvais.** — Histoire des Empereurs. 3 vol. in-8. Paris, 1767. . . . . 18 »

24. **Benaven.** — Le Caissier italien, ou l'Art de connaître toutes les monnaies d'Europe ayant cours en Italie. 2 vol. in-4, un de texte, l'autre de planches. 1789. . . . . 12 »

25. Le même. 1787. 2 vol. in-fol. . . . . 20 »

26. **Berry.** — Etudes et Recherches historiques sur les monnaies de France. 2 vol. in-8. 1852. . . . . 36 »

27. **Berti.** — La Scienza delle medaglie antiche e moderne. 2 vol. in-12. Venezia, 1755. . . . . 5 »

28. **Bessy-Journet.** — Monnaies françaises de Louis XIV. 15 pl. et 4 feuilles de texte. Grand in-4, très-belle édit. Paris, 1850. . . . . 20 »

29. **Beulé.** — Les monnaies d'Athènes. 1 vol. in-4 grand-raisin, de 53 feuilles, avec 140 planches gravées sur cuivre, tirées sur papier de Chine et insérées dans le texte. Paris, Didot,

fr. c.

Rollin, 1858, tiré seulement à 300 exemplaires numérotés. Broché. . . . . 40 »

Cet ouvrage, qui a obtenu le prix de numismatique, se recommande aux savants par la grande quantité de médailles qui y sont figurées. L'auteur a traité *in extenso* la matière ; toutes les monnaies d'Athènes y sont décrites et classées avec un talent remarquable. L'exécution matérielle du livre ne laisse non plus rien à désirer.

30. **De Bie.** — Imperatorum romanorum a Julio Cæsare ad Heraclium. Anvers, 1615. 1 vol. in-4, pl. . . . . 6 »

31. **Bigot.** — Essai sur les monnaies du royaume et duché de Bretagne. Paris, Rollin, 1857. 1 vol. in-8, 40 pl. . . . . . 26 »

32. **Bizot.** — Histoire métallique de la République de Hollande, 2 vol. in-8, pl. . . . . 18 »

33. **Bodin.** — Discours sur le rehaussement et diminution des monnaies. Paris, 1578. 1 vol. in-12. . . . . 2 »

34. **Boizard.** — Traité des monnaies, de leurs circonstances et dépendances. Paris, 1672. 1 vol. in-12. . . . . 3 »

35. **Bonneville.** — Traité des monnaies d'or et d'argent qui circulent chez les différents peuples. 1 vol. grand in-fol. avec pl. Paris, 1806. 50 »

36. **Borrell.** — Notice sur quelques médailles des rois de Chypre. Broch. in-4, 1 pl. . . . . 7 »

37. **Boudard.** — Étude ibérienne. Béziers, 1852. Broch. in-8, avec 10 pl. . . . . 8 »

38. — Numismatique ibérienne. 8 livraisons in-4, avec de nombreuses planches, prix de chaque liv. 5 25

— Prix de l'ouvrage complet. . . . . 40 »

L'ouvrage de M. Boudard, dont la dernière livraison a paru tout dernièrement, est sans contredit le livre le plus complet qui ait été composé sur la numismatique de l'Espagne pendant les temps antiques. L'auteur ne s'est pas contenté de dresser un simple catalogue de médailles, il est entré dans de grands détails sur la géographie, les alphabets, et les idiomes comparés de l'Ibérie. Ce livre ne s'adresse pas seulement aux numismatistes, il convient encore aux personnes qui étudient la linguistique et l'ethnographie de l'Espagne.

39. **Breuneri.** — Thesaurus nummorum sueo-gothicorum. Holmiæ, 1731. 1 vol. in-4, avec pl. . . . . 20 »

40. **Burn.** — A descriptive catalogue of the London tavern and coffee house tokens. 1 vol. in-4. Londres, 1855. . . . . 25 »

41. **Buonarotti.** — Observationi istoriche sopra alcune medaglioni antichi. 1 vol. in-4, pl. Rome, 1698. . . . . . . 20 »

42. **De Cadalvène.** — Recueil de médailles grecques inédites. 1 vol. in-4, vignettes et planches. Paris, 1818. . . . . . . 8 »

fr. c.

43. **Caroni**. — Musei Hedervarii nummos antiquos græcos et latinos descripsit anecdotos vel parum cognitos, etiam cupreis tabulis incidi curavit. 2 vol. in-4 et planches. . . 50 »

44. **Carelli**. — Numorum Italiæ veteris tabulas CCII edidit Cavedonius. 1 vol. in-fol. Leipsick, 1855. . . . . 100 »

45. **Calmet** (Dom.). — Histoire ecclésiastique de Lorraine. 1 vol. in-fol, avec planches de médailles et monuments. Paris, Nancy, 1728. . . . . 20 »

46. **E. Cartier**. — Recherches sur les monnaies au type chartrain, avec supplément in-8. 2 vol. in-8 avec 19 pl., 1846 et 1849. . . . . 10 »

47. — Considérations sur l'histoire monétaire. Broch. in-8 avec pl. 1835. . . . . 5 »

48. — Lettres sur l'histoire monétaire de France. Blois, 1836, 1843 et 1850. 1 vol. in-8, 28 pl. . . . . 50 »

49. — Onzième lettre sur le même sujet. Broch. in-8, 1850. . 3 »

50. — Notice sur les monnaies ecclésiastiques et baronnales du Limousin. Broch. in-8 avec 1 pl. 1841. . . . . 3 »

51. — Observations sur des monnaies du XIe siècle, trouvées en 1843 près de Rome. Broch. in-8, 1846, 1 pl. . . . . 3 »

52. — Monnaies du XIIIe siècle, envoyées en Palestine au frère de saint Louis, en 1250. Broch. in-8, 2 pl., 1847. . . . . 3 »

53. — Règlement fait en 1354 pour les ouvriers et monnoyeurs des monnaies royales de France. Broch. in-8 avec 1 planche, 1846. . . . . 3 »

54. — Considérations sur l'administration de l'histoire monétaire en France. Broch. in-8, 1840. . . . . 3 »

55. — Essai sur la bibliographie des monnaies françaises. Broch. in-8, 1851. . . . . 4 »

56. — Notice sur la monnaie frappée au XIIIe siècle par les évêques de Maguelone, avec le nom de Mahomet. Broch. in-8, 1855. . . . . 3 »

57. — Monnaies gauloises trouvées dans le camp d'Amboise. Broch. in-8, 1 pl., 1842. . . . . 3 »

58. — Monnaies de Montreuil-sur-Mer, par Rigollot, avec notes de Cartier. Broch. in-8, avec 1 pl. . . . . 3 »

Les différents ouvrages de M. Cartier sont justement appréciés de tous les amis de la numismatique. Beaucoup d'opuscules publiés par ce savant et regrettable érudit, sont devenus introuvables et ne figurent pas sur notre catalogue. Quelques-uns de ceux que nous annonçons aujourd'hui sont même d'une excessive rareté.

59. **Cary**. — Histoire des rois de Thrace et du Bosphore,

fr. c.

éclaircie par les médailles. 1 vol. in-4, avec planches. Paris, 1752. . . . . 15 »

60. **Caylus**. — Recueil de médailles romaines en or. 1 vol. avec pl., in-fol. Paris, 1766. . . . . 50 »

61. **Chabouillet**. — Catalogue général et raisonné des camées et pierres gravées de la Bibliothèque impériale. Paris, 1858. . . . . 3 50

Ce livre est sans contredit le meilleur et le plus complet qui ait été publié jusqu'à présent sur les richesses que renferme le cabinet impérial des médailles. Les camées et intailles anciens et modernes, ainsi que tous les objets antiques qui sont exposés dans le cabinet des médailles, y sont décrits avec une scrupuleuse exactitude. Des dissertations fort savantes accompagnent souvent la description des objets, et font de ce livre le *vade mecum* indispensable du visiteur qui fréquente le département des médailles de la Bibliothèque.

62. **Chalon** (R.). — Recherches sur les monnaies des comtes de Hainaut. In-8, 27 pl. Bruxelles, 1848. . . . . 25 »

63. — 1er supplément au même ouvrage. In-4, 3 pl. Bruxelles, 1852. . . . . 9 »

64. — 2e supplément au même. 1854. 2 pl. 3 50

65. — 3e supplément au même. 1857. 1 pl. 1 75

66. **Chaudoir** (baron de). — Recueil des monnaies de la Chine, du Japon, de la Corée, d'Annam et de Java. 1 vol. in-fol., avec 61 pl. Saint-Pétersbourg, 1842. . . . . 100 »

67. **Chaudoir** (baron de). — Aperçu sur les monnaies russes et sur les monnaies étrangères qui ont eu cours en Russie, depuis les temps les plus reculés jusqu'à nos jours. 2 vol. in-8 et un volume de pl. . . . . 100 »

Excellent livre, qui est à la fois un ouvrage d'économie politique et de numismatique. Recherché avec avidité par les amateurs ; il est devenu aujourd'hui fort rare.

68. **Cohen**. — Description générale des monnaies de la république romaine. Paris, 1857. 1 fort vol. in-4 avec 75 planches. . . . . 45 »

69. **Cohen**. — Description historique des monnaies frappées sous l'empire romain depuis Pompée jusqu'à la chute de l'empire d'Occident, ou monnaies impériales. 5 vol. avec planches. Chaque volume coûte 20 fr. pour les souscripteurs. Aussitôt l'ouvrage achevé, il sera porté de 100 fr. à . . . . 120 »

70. — Le même ouvrage sur grand papier. Chaque volume. . . . . 40 »

— Terminé. . . . . 240 »

Les ouvrages de M. Cohen se recommandent aux savants et conviennent particulièrement à tous les amateurs qui y trouveront décrites avec un soin minutieux et une exactitude scrupuleuse, toutes les monnaies romaines. L'auteur a suivi pour ses descriptions une méthode plus sévère que celle qui avait été adoptée par ses devanciers ; aussi ses livres sont-ils très-sérieusement appréciés par tous ceux qui recherchent avec ardeur les nombreux monuments numismatiques de l'ancienne Rome.

		fr.	c.
71.	Commentari in numismata pisana aerea maximi moduli. Édition des Bénédictins, 1740. In-fol., 92 pl.	40	»
72.	— Le même, édition de 1794. 4 vol. in-fol. et pl.	40	»
73.	— Le même, sans pl. 1 vol. in-fol.	50	»
74.	**Colson**. — Notice sur une médaille au revers de Junon Phallophore. Bruxelles, 1859. in-8, 1 pl.	3	»
75.	**Combrouse**. — Décameron numismatique. 1 vol. gr. in-4, 1844.	40	»
76.	**Couder**. — An arrangement of provincial coins, issued in Great Britain, Ireland and the colonies. 1798. In-8, planches	10	»
77.	**Cousinéry**. — Essai historique et critique sur les monnaies d'argent de la Ligue achéenne, de Corinthe, de Sicyone et de Carthage. In-4. Paris, 1825, avec pl.	6	»
78.	**Darcier**. — Tableau du titre et de la valeur des monnaies d'Europe. 1 vol. in-4, 52 pl. Genève, 1807.	15	»
79.	**Damoreau**. — Traité des négociations de Banque. In-4, pl. Paris, 1727.	3	»
80.	**Dauban**. — Nicolas Briot et la cour des monnaies, études sur l'art monétaire. Paris, 1857. Broch. in-8, avec 3 planches.	2	50
81.	— Jetons des maires de Nantes. In-8. Nantes, 1858. Broch. pl.	2	50
82.	— Le cachet de Childeric. Broch.	2	50
83.	**Defrance**. — Prix des monnaies de France et des matières d'or et d'argent. 1 vol. in-4, avec pl. Rouen, 1736.	4	»
84.	**Den Duyts**. Notice sur les anciennes monnaies des comtes de Flandre, Brabant, Hainaut, Namur et Luxembourg. Gand, 1847. In-8, 48 pl.	12	»
85.	**Delombardy**. — Catalogue des monnaies françaises composant la collection Rignault. In-8. Paris, 1848.	3	»
86.	**Duby**. — Traité des monnaies des prélats et barons, suivi du recueil des pièces obsidionales et de nécessité. 3 vol. gr. in-4, et pl.	120	»
87.	**Duchalais**. — Description des médailles gauloises de la Bibliothèque impériale. Paris, 1846. In-8, avec 4 pl. . . .	15	»

fr. c.

88. **Du Mersan**. — Histoire du cabinet des médailles. Antiques et pierres gravées. 1838. In-8. . . . . 6 »

89. **Du Mersan**. — Éléments de numismatique antique. In-12, broch. . . . . 2 »

90. — Numismatique du voyage du jeune Anacharsis. 2 vol. in-8, avec pl. Paris, 1846. . . . . 8 »

91. **Eckhel**. — Doctrina numorum veterum. 8 vol. in-4, bel. exempl., 1792. . . . . 180 »

92. — Numi veteres anecdoti ex museis Cæsareo Vindobonensi. Vienne, 1775. In-4, avec pl. . . . . 20 »

93. **Ennery** (d'). — Catalogue des médailles antiques et modernes de son cabinet. In-4. Paris, 1788. . . . . 20 »

94. **Erizzo**. — Discorso di Sebastiano Erizzo sopra le medaglie de gli antichi. Venise, 1568. In-4. . . . . 3 »

95. **Feuardent**. — Essai sur l'époque à laquelle ont été frappées les médailles de Constantin et de ses fils, portant des signes du Christianisme. Paris, 1857. Broch. in-8, avec 1 pl. 2 »

96. — Essai d'attribution d'époque à l'émission des pièces d'Hanniballien. Cherbourg, 1857. Broch. in-8. . . . . 1 25

97. **Fellows**. — Coins of ancient Lycia before the reigne of Alexander. Petit in-4, pl. Londres, 1855. . . . . 15 »

98. **Felman**. — Médailles de la Révolution française. 1 vol. in-fol., avec pl. gravées par le procédé Collas. . . . . . . 40 »

99. **Fillon**. — Considérations sur les monnaies de France. Fontenay, 1850. 4 pl. 6 »

100. **Fillon**. — Études numismatiques. Paris, 1856. 1 vol. gr. in-8, avec 5 pl. et vignettes dans le texte. . . . . 12 »

101. **Ficoronii**. — Dissertatio de Larvis scenicis et figuris comicis antiquorum romanorum. Romæ, 1754. 1 vol. in-4, avec 85 pl. de médailles et d'antiquités. . . . . 15 »

102. — De plumbeis antiquorum. In-4, pl. Rome, 1750. . . . . 12 »

103. **Finauer**. — Bajerische muns veluftigung varinnen tchaustucte ducate thaler. Munchen, 1768. In-4, avec pl. . . . . 3 »

104. **Folkes**. — English coins, silver and gold coins. Londres, 1764. 1 gros vol. in-4, avec pl. . . . . 70 »

105. **Fox** (général). — Engraving of inedited or rare greeck coins. In-4, partie 1re, Europe, pl. Londres, 1856. . . . . 12 »

106. **Fougères** et Conbrouse. — Description complète et raisonnée des monnaies de la 2e race royale de France.

f. c.

1 vol. grand in-8, 27 planches et 4 cartes géographiques du moyen âge. . . . . 30 »

107. **Fontenay** (J. de). — Manuel de l'amateur de jetons. Paris, 1854. 1 vol. in-8, fig. dans le texte. . . . . 10 »

108. — Nouvelle étude sur les jetons. Autun, 1850. Broch. in-8, fig. dans le texte. . . . . 6 »

109. **Forgeais**. — Notice sur des plombs historiés, trouvés dans la Seine. In-8, vignettes. Paris, 1858. . . . . 1 »

110. **Fleurimont**. — Médailles du règne de Louis XV. In-4, pl. . . . . 10 »

111. **Fusco**. — Intorno alle zecche ed alle monete battute nel reame di Napoli, da re Carlo VIII di Francia. Naples, 1846. In-4, 7 pl. . . . . 25 »

112. **Gaillard** (Joseph). — Description des monnaies espagnoles et étrangères de don José Garcia de la Torre. Madrid, 1852. In-8, 22 pl. . . . . 18 »

113. **Gaillard** (Victor). — Recherches sur les monnaies des comtes de Flandre jusqu'à Robert de Béthume. Gand, 1852. 23 pl. . . . . 16 »

114. **Garnier** (Comte Germain). — Premier et second Mémoire sur la valeur des monnaies de compte chez les peuples de l'antiquité. Paris, 1817. 2 broch. in-4. . . . . 6 »

115. **Garrucci**. — Lezioni elementari di numismata antica. In-8, 6 pl. . . . . 4 »

116. **Germain**. — Mémoire sur les anciennes monnaies seigneuriales de Melgeuil et de Montpellier. Montpellier, 1852. Broch. in-4, avec 1 pl. . . . . 4 »

117. **Gesnerus** (Jacobus). — Numismata regum Macedoniæ. Broch. in-fol. Zurich, 1736, 7 pl. . . . . 6 »

118. — Numismata regum Siciliæ. . . . . 6 »

119. — Numismata regum Syriæ. . . . . 6 »

120. — Adpendicula ad numismata græca populorum et urbium. Broch. in-4, 1769. . . . . 2 »

121. **Ghesquiere**. — Mémoire sur trois points intéressants de l'histoire monétaire des Pays-Bas. Bruxelles, 1786. 5 pl. . . . . 5 »

122. **Glafey**. — Specimen sigillorum complexum. 1 vol. in-4, avec pl. de sceaux. Lipsiæ, 1749. . . . . 3 »

123. **Goltzius**. — Opera omnia. 5 vol. in-fol. avec pl. Anvers, 1708. Manque 28 pages à la fin du 3ᵉ vol. . . . . 70 »

fr. c.

124. **Greppo**. — Description d'une médaille inédite de Pescennius Niger. Broch. in-8. . . . . 1 »

125. **Guillemot** (fils aîné). — Catalogue des légendes des monnaies mérovingiennes. La Rochelle, 1845. In-8. . . . . . 2 »

126. **Hager**. — Description des médailles chinoises du cabinet de France. 1 vol. in-4. Paris, 1805. . . . . 10 »

127. **Haller**. — Catalogus numismatum veterum græcorum et latinorum. 1 vol. in-8, avec pl. Berne, 1829. . . . . 6 »

128. **Hardouin**. — De nummis antiquis. Paris, 1709. 1 vol. in-fol. . . . . 12 »

129. **Havercamp**. — Médailles de grand et moyen bronze du cabinet de la reine Christine. 1 vol. gr. in-fol., avec planches. La Haye, 1742. . . . . 20 »

130. — Histori der Zaaken in Asie, Afrike en Europe. Graavenhaage, 1737. 3 beaux vol. in-fol., avec pl. . . . . 30 »

131. **Haym**. — Thesauri britannici numi græci et latini. 1 vol. in-4. Vindobonæ, 1763. . . . . 20 »

132. — Del tesoro britannico il museo nummario. Londra, 1719. 1 vol. in-4, pl. . . . . 10 »

133. **Hemelarius**. — Imperatorum romanorum numismata aurea. Antuerpiæ, 1627. In-4, avec pl. . . . . 5 »

134. **Hennin**. — Histoire numismatique de la Révolution française. Paris, 1826. 2 vol. gr. in-4, 95 pl. . . . . 60 »

135. — Manuel de numismatique ancienne. 2 vol. in-8. Paris, 1830. . . . . 18 »

136. **Hermand**. — Histoire monétaire de la province d'Artois. Saint-Omer, 1843. 1 vol. in-8, 9 planches. . . . . 15 »

137. — Recherches sur les monnaies, médailles et jetons de Saint-Omer. Broch. in-8, 9 pl. . . . . 6 »

138. **Hermand** et **Deschamps-Dupas**. — La Sigillographie de la ville de Saint-Omer. 1 vol. in-4, orné de 40 pl., publié en 3 parties de 10 pages chaque ; l'ouvrage pour les souscripteurs à 30 fr., et terminé en 1860. . . . . 40 »

139. **Heroldt**. — Beschreibung über munzen. Nuremberg, 1774. 1 vol. in-4, avec planches. . . . . 6 »

140. **Hirsch** (Christian). — Bibliotheca numismatica. 1 vol. in-folio. Nuremberg, 1760. . . . . 12 »

141. **Hode** (de la). — Histoire de la vie et du règne de Louis XIV, enrichie de médailles. 6 vol. in-4. Basle, 1741. . . . . . . 36 »

	fr.	c.
142. **Horozco**. — Historia de la ciudad de Cadiz. 1 vol. in-8. Cadiz, 1845. 5 pl.	12	»
143. **Hucher**. — Essai sur les monnaies frappées dans le Maine. 1 vol. gr. in-4, 4 planches.	8	»
144. — Lettre au marquis de Lagoy, sur la numismatique gauloise. Broch. in-8, avec 1 planche.	2	»
145. — Des Enseignes de pèlerinage. Paris, 1853. Broch. in-8.	1	50
146. **Humphreys**. — The collectors manual. Illustrations dans le texte. Londres, 1853. 2 vol. in-8.	15	»
147. **Humphreys** (Noël). — The coinage of the Bristich empire. Londres, 1855. Planches coloriées. 1 vol. petit in-4. .	30	»
148. **Jeuffrain**. — Essai sur les médailles muettes émises par les Celtes gaulois. Tours, 1846. 3 planches.	4	»
149. **Kœhne** (de). — Mémoires de la Société d'archéologie et de numismatique de Saint-Pétersbourg. 3 livr. par an, formant 1 vol. de 4 à 500 pages, avec planches. (Franco pour toute la France.)	20	»
150. — Monnaies romaines ayant rapport aux Sarmates. Texte allemand, avec 3 pl. 1 vol. in-8, 3 pl.	5	»
151. — Monnaies de la Chersonèse. Texte russe. 1 vol. gr. in-8, avec planches. Saint-Pétersbourg, 1848.	15	»
152. **Kolb** (Jacob). — Traité élémentaire de numismatique ancienne, grecque et romaine. 2 vol. avec planches	15	»
153. **Lambert**. — Essai sur les monnaies gauloises. 1 vol. in-4. Bayeux, 1844, avec planches.	12	»
154. — Sur un talisman du XVIIe siècle. Broch.	2	»
155. — Réponse à une dissertation de M. Deville sur un symbole gaulois, avec planches. Broch. in-4.	2	»
156. **Lambros**. — Sur six médailles d'or inédites de Philippi. Broch. in-8, avec planches. Corfou, 1855.	2	»
157. **Langlois** (Victor). — Ordonnance de 1315 sur les monnaies baronnales. Broch. in-8, avec planches.	1	50
158. — Monnaies inédites ou peu connues de la Cilicie. Broch. in-8, 7 pl., 1854.	4	»
159. — Recherches sur les monnaies frappées dans l'île de Rhodes par les hospitaliers de l'ordre de Saint-Jean-de-Jérusalem. Broch. in-4, 2 pl.	5	»
160. — Numismatique des nomes d'Égypte. 1 vol. in-4, pl. 1852.	6	»

fr. c.

161. — Numismatique de la Géorgie au moyen âge. (Très-rare.) 1 vol. in-4, pl. 1852. 5 »

162. — Numismatique de l'Arménie au moyen âge. In-4, 7 pl., 1855 . . . . 15 »

163. — Numismatique de l'Arménie dans l'antiquité. 1858. 1 vol, in-4, pl. . . . . 20 »

164. — Numismatique générale de l'Arménie. 1858. 1 vol. in-4, pl. 30 »

165. — Numismatique des Arabes avant l'islamisme. 1 vol. in-4, pl. 1859. . . . . 20 »

Les ouvrages de M. Langlois se recommandent aux savants aussi bien bien qu'aux amateurs. L'auteur, par suite des études qu'il a embrassées, s'est imposé la tâche de faire connaître des monuments jusqu'à présent négligés, comme, par exemple, les médailles de la Géorgie, de l'Arménie. Son dernier ouvrage sur la *Numismatique des Arabes avant l'Islamisme* est une de ces échappées nouvelles, une de ces surprises de la marche progressive de la science. Il a restitué à la numismatique arabe des monnaies qui jusqu'à présent avaient été rangées parmi les suites grecques et romaines. Cet ouvrage est donc comme une sorte d'introduction à la numismatique des Arabes proprement dite.

166. **Laskey**. — Description of the series of medals struck at the national medal mint, by order of Napoleon Bonaparte. 1 vol. in-4. London, 1818. . . . . 8 »

167. **Lazari**. — Zecche degli Abruzzi. Venezia, 1858. Gr. in-8, pl. . . . . 4 »

168. **Leacke**. — Numismata hellenica a catalogue of greek coins. London, 1854. 1 vol. in-4, rel. anglaise, avec l'appendice. . . . . 80 »

169. **Le Blanc**. — Traité historique des monnaies de France, avec la dissertation sur Charlemagne, Louis le Débonnaire, Lothaire, etc. Paris, 1 vol. in-4, pl. (Rare.). . . . . 80 »

170. — Le même, sans la dissertation. . . . . 60 »

171. — La dissertation seule. . . . . 25 »

172. **Lecointre-Dupont**. — Essai sur les monnaies du Poitou. 1 vol. in-8. Paris, 1840. 4 pl. et vign. . . . . 9 »

173. — Lettres sur l'histoire monétaire de la Normandie et du Perche. 1 vol. in-8 et 3 pl. . . . . 9 »

174. — Notice sur deux deniers de Savary de Mauléon et sur Niort. Broch. in-8. . . . . 1 »

175. — Notice sur les billets de confiance émis en Poitou. Broch. in-8. . . . . 2 »

176. — Notice sur une médaille d'Amaury-Bouchard. Broch. in-8. 1 »

fr.

177. **Le Clerc**. — Histoire des Provinces unies des Pays-Bas jusqu'en 1716. Amsterdam. 3 vol. in-fol. et planches. . . . 60 »

178. **Lelewel**. — Numismatique du moyen âge. 2 vol. in-8 et atlas oblong avec cartes et figures. (Rare.) . . . . 60 »

179. — Études numismatiques et archéologiques, Types gaulois ou celtique. 1 vol. in-8 et un atlas in-4 oblong. (Rare.) 35 »

180. — G. monetach Blaznow. Bruxelles, 1837. In-8 oblong, avec planches. (En polonais.) . . . . 5 »

181. **Lenormant** (Charles). — Des Signes de christianisme qu'on trouve sur quelques monuments numismatiques du IIIe siècle. Broch. in-fol., avec planches. . . . . 3 »

182. **Lenormant** (François). — Essai sur le classement des monnaies d'argent des Lagides. Blois, 1855. 8 planches. . 12 »

183. **Lefevre**. — Traité élémentaire de numismatique générale. 1 vol. in-8. . . . . 3 50

184. **Lindsay**. — A view of the history and coinage of the parthians. Cork, 1852. In-4, 10 pl. . . . . 25 »

185. **Loewe**. — Observations on a unique Cufic gold coin. Broch. in-8. Londres, 1849, fig. . . . . 2 »

186. **Longpérier** (A. de). — Description des médailles du cabinet de M. de Magnoncour. 1 vol. gr. in-8, avec pl. 1840. 6 »

187. — Notice des monnaies françaises de la collection Rousseau. Paris, 1848. 1 vol. in-8, 9 pl. et vign. . . . . 5 »

188. — Médaille d'or inédite de Dynamis, reine de Pont. Paris, 1843. In-8, avec vignettes 1 50

189. — Documents numismatiques pour servir à l'Histoire des Arabes d'Espagne.. . . . .

190. — *Programme* contenant la liste chronologique des monnaies. 3 planches gravées, in-4. . . . . 3 »

190 *bis*. **Loon** (Gérard van). — Description des monnaies des Pays-Bas, en flamand. 4 vol. in-fol., vign. et pl., 1723. . 70 »

191. **Loir**. — Recherches sur les monnaies, mereaux, sceaux et jetons de la ville de Nantes. In-4, pl. 1859. . . . . . .

192. **Lorichs** (de). — Recherches numismatiques sur les médailles celtibériennes. 1 vol. in-4. Paris, 1852, pl. . . . . 20 »

193. **Lucius**. — Sylloge numismatum elegantiorum. In-fol. pl. Strasbourg, 1620. . . . . 10 »

194. **Madai**. — Vollstandiges thaler-cabinet. Kœnisberg, 1765. 4 vol. in-8 et vign. . . . . 40 »

fr. c.

195. **Mader** (J.). — Description des bracteates allemandes, principalement celles de Bohême. 1 vol. in-4. Prague, 1798. . 10 »

196. — Détails critiques sur les monnaies du moyen âge. Texte allemand. 6 vol. reliés en 3, avec pl., 1803. . . . . 30 »

197. **Mallet et Rigollot**. — Notice sur une découverte de monnaies picardes du XIe siècle. In-8, 9 pl. . . . . 10 »

198. **Mantellier**. — Notice sur les monnaies de Trévoux et de Dombes. In-8, 11 pl. 10 »

199. **Marchant**. — Mélanges de numismatique et d'histoire. Les 16 premières lettres avec pl. 1 vol. in-8, 1818. . . . 3 »

200. — Le même, les 32 lettres avec les pl. 1 vol. in-8, rel. . . 20 »

201. — Lettres sur la numismatique et l'histoire. Nouvelle édition annotée par les principaux numismatistes. Paris. 1 vol. in-8, 30 planches. . . . . 20 »

202. **Mechel** (Chrétien de). — Explication historique et critique des médailles de l'œuvre du chevalier Hedlinger. Basle, 1778. 1 vol. in-4. 40 magnifiques planches. . . . . 20 »

203. — Médailler monétaire, administration générale des monnaies. 1813. Magnifique manuscrit in-fol., titres encadrés en couleur, rel. maroq., tranche dorée. . . . . 100 »

204. — Médailles frappées pour servir à l'histoire des provinces unies des Pays-Bas. 1 vol. in-fol., avec pl. Amsterdam, 1723. . . . . 12 »

205. **Memorie** numismatiche di G. Cavedoni, Borghesi, etc. 1 vol. in 4. Parigi, 1853, 7 pl. . . . . 10 »

206. **Mediobarba**. — Imperatorum romanorum numismata. In-fol. Milan, 1683. Vignettes . . . . 25 »

207. **Milano** (Comte). — Guida Numismatica per acquestere udere le medagli antichi consolari. In-8. Naples, 1847. . 10 »

208. **Millin**. — Histoire métallique de la Révolution française. 1 vol. in-4, 26 pl. Paris, 1806. . . . . 30 »

209. **Millingen**. — Metallic history of Napoleon from 1796 to 1815. 1 vol. in-4 et suppl., 74 planches. . . . . 60 »

210. — Ancient coins of greeck cities. Londres, 1831. In-4, 7 pl. 6 »

211. — Sylloge of ancient inedited coins of greek cities and kings. Londres, 1837. 1 vol. in-4, 4 planches. . . . . . . 15 »

212. — L'Hercule de Gades. Broch. in-8. Paris, 1835 . . . . . 1 »

213. — On a fictile vase representing the contest betwen Hercules and the Acheloüs. Broch. in-4. . . . . 2 »

fr. c.

214. **Mionnet** (T. E.). — De la rareté et du prix des médailles romaines. 2 vol. in-8, 39 planches. . . . . 30 »

215. — Description de médailles antiques, grecques et romaines avec leur degré de rareté et leur estimation. Paris, 1806-13. 6 vol. in-8. Epuisé. » »

216. — Recueil des planches (Description des médailles antiques grecques et romaines). Fort vol. in-8 de 136 pages de texte et 86 pl. . . . . 20 »

Supplément aux six volumes.

217. — Tome I. Paris, 1819. In-8, avec 11 pl. Quelques exemplaires. . . . . 25 »

218. — Tome II. Paris, 1822, avec 11 pl. Presque épuisé. . . . 25 »

219. — Tome III. Paris, 1824, avec 20 pl. . . . . 22 »

220. — Tome IV. Paris, 1829, avec 14 pl. . . . . 20 »

221. — Tome V. Paris, 1829, avec 6 pl. . . . . 18 »

222. — Tome VI. Paris, 1833, avec 9 pl. . . . . 20 »

223. — Tome VII. Paris, 1835, avec 15 pl. . . . . 20 »

224. — Tome VIII. Paris, 1836, avec 26 pl. . . . . 24 »

225. — Tome IX. Paris, 1837, avec 11 pl. . . . . 28 »

Il nous reste encore quelques exemplaires sur papier vélin.

226. — Tables générales de la description des médailles et de son supplément. Paris, 1837. In-8 . . . . 8 »

227. — Poids des médailles. Paris, 1839. In-8. . . . . 6 »

228. — Atlas de géographie numismatique, 1838. Gr. in-4, 7 pl. 12 »

229. **Mioche.** — Dissertation sur les monnaies frappées en Auvergne. 1858. Br. in-8, 6 pl. . . . . 4 »

230. **Morell.** — Familiarum romanarum numismata. 2 vol. in-fol. avec planches. . . . . 80 »

231. — Le même ouvrage, avec les 3 vol. traitant des médailles des douze Césars. Très-bel exemplaire. . . . . 160 »

232 **Morin** (Henry). — Numismatique féodale du Dauphiné. Paris, 1854. In-4, 23 pl. . . . . 25 »

233. — Le même, sur grand papier. . . . . 100 »

234. **Muller.** — Numismatique de Lysimaque, roi de Thrace. 1 vol. in-4 et pl., 1858. . . . . 4 »

235. — Numismatique d'Alexandre-le-Grand. 1 vol. in-8, et atlas in-4. Copenhague, 1855. . . . . 28 »

236. **Munten.** — Verklaring van Allerhande goude en Zilvere Geld specien. Broch. in-8. Amsterdam, 1785. . . . . . . 4 »

237. **Musei** Theupoli antiqua numismata. 2 vol. in-4. Venetiis, 1736. . . . . 20 »

fr. c.

238. **Nahuys** (Comte). — Histoire numismatique du royaume de Hollande sous Louis Napoléon. Amsterdam, 1858. In-4, 14 pl. 20 »

239. **Notice** historique sur la commune de Rummen et sur les anciens fiefs de Grasen, Wilre, Binderwelt et Weger. Gand, 1846. 7 vol. in-8 et pl. . . . . 10 »

240. **Notice** sur la rareté des médailles antiques, leur valeur et leur prix. Paris, 1828. Broch. in-8. . . . . 3 »

241. **Notice** sur Jules-François-Paul Fauris Saint-Vincent. 1 vol. in-4 avec 6 pl. de médailles de Marseille. Broch. in-4, pl. d'antiquités. . . . . 8 »

242. **Œter**. — Explication d'une monnaie très-rare de Piligrim, archevêque de Cologne. Texte allemand. Broch. in-4. . . . 2 »

243. **Oiseli**. — Thesaurus numismatum antiquorum cum commentario. 1 vol. in-4, avec planches. Amsterdam, 1677. . . 8 »

244. **Olivieri**. — Monete, medaglie e sigilli dei principi Doria. Gênes, 1859. . . . . 5 »

244 *bis*. **Pagnon**. —Art de reconnaître les médailles fausses des vraies antiques. Marseille, 1857. Gr. in-18. . . . . 5 »

245. **Parmense** (Vic de). — Augustorum imagines aereis formis expressae. Venetiis, 1858. . . . . 4 »

246. **Patin**. — Histoire des médailles, ou Introduction à la connaissance de cette science. Paris, 1695. 1 vol. in-12 avec figures. . . . . 3 »

247. **Pedrusi** (J.). — Cesari raccolti nel Farnese museo. Parme, 1694. 10 vol. in-fol. . . . . 100 »

248. **Peghoux**. — Essai sur les monnaies des Arverni. In-8, 3 pl. Clermont, 1857. . . . . 4 »

249. **Pellerin**. — Recueil des médailles des rois, peuples et villes. 8 vol. et suppl. avec quantité de planches. Paris, 1765. In-4. (Rare). . . . . 120 »

250. — Observations sur le cabinet Pellerin, par l'abbé Leblanc. Paris, in-4, 1823. . . . . 6 »

251. **Petau**. — Explication de plusieurs antiquités. 27 pl. de médailles, etc. Amsterdam, 1757. In-4. . . . . 5 »

252. **Pfaffenhoffen**. — Essai sur les aspres comménats, ou blancs d'argent de Trébizonde. Paris, 1847. . . . . 20 »

253. **Pina** (comte de). — Leçons élémentaires de numismatique romaine. Paris, 1823. In-8. . . . . 5 »

fr. c.

254. **Pinder.** — Numismatique beckérienne. Trad. de l'allemand. Paris, 1853. In-8, 2 pl. . . . . 5 »

255. **Pinder.** — Uber die cistophoren and über die Kaiserlichen silber medaillons der romischen provinz Asia. Berlin, 1859. In-4, 8 pl. . . . . 18 »

256. **Pinkerton.** — Notice sur la rareté des médailles antiques, leur valeur et leur prix. Paris, 1828. Broch. in 8. . . . . 3 »

257. **Plantet.** — Essai sur les monnaies du comté de Bourgogne. 1 vol. gr. in-4, avec pl. Lons-le-Saulnier, 1856. . . . . . . 16 »

258. **Poey d'Avant.** — Description des monnaies seigneuriales françaises. 1 vol. in-4, avec 26 pl., et tableau des prix de vente. Fontenay-Vendée, 1853. . . . . 25 »

259. — Catalogue des monnaies françaises et étrangères; suite au précédent catalogue. Fontenay-le-Comte, 1856. Brochure in-8. . . . . 2 »

260. — Monnaies féodales de la France. Paris, 1858. In-4, 51 pl. . . . . 36 »

261. — Grand papier. (Chaque volume). . . . . 72 »

Cet ouvrage est destiné à remplacer le livre de T. Duby, et à réunir dans un même recueil, les descriptions raisonnées des médailles qui constituent l'ensemble de la numismatique baronnale de la France.

262. **Poinsinet de Sivry.** — Nouvelles recherches sur la science des médailles. Maestricht, 1778. In-4, avec pl. . . 4 »

262 *bis*. — **Ponthieux.** Description d'une découverte de monnaies des évêques de Beauvais. 2 pl. . . . . 2 »

263. **Promis.** — Monete di Savoia. 2 vol. in-4, pl. Turin, 1841. 40 »

264. — Sulle monete del Piemonte, memoria secunda. Turin, 1853. 7 pl. in-8. . . . . 6 »

265. **Promptuaire** des médailles les plus renommées. Lyon, 1553. 1 vol. in-4, avec figures. . . . . 4 »

266. **Raczynski** (comte Ed.). — Médailler de Pologne. Berlin, 1845. 2 vol. avec belles planches. (Cet ouvrage est écrit en polonais et en français). . . . . 60 »

267. **Rasche** (J. Ch.). — Lexicon universæ rei numariæ veterum, et præcipue Græcorum ac Romanorum, cum observationibus antiquariis geographicis, chronologicis, historicis criticis, et passim cum explicatione monogrammatum. 13 vol. in-8. 200 »

268. **Raoul-Rochette.** — Notice sur quelques médailles des rois de la Bactriane et de l'Inde. 1er et 2e supplément. 2 broch. in-8, 3 pl. . . . . 8 »

fr. c.

269. **Rathgeber.** — Monnaies d'Athènes du musée de Gotha. 1858. In-4. . . . .

270. **Riccio.** — Repertorio del monete di città antiche. 1 vol. in-4. Naples, 1852, 2 pl. 14 »

271. — Le monete attribute alla zecca dell'antica città de Lucera. In-4, 5 pl. . . . . 6 »

272. — Le monete delle antiche famiglie di Roma. Naples, 1843. In-4, 71 pl. . . . . 35 »

273. — Recueil de monnaies d'or et de médaillons antiques formant la collection de Marie-Thérèse d'Autriche. 1 vol. in-fol., pl. gravée. . . . . 15 »

274. **Renesse Breidbach** (de). — Histoire numismatique de l'évêché et principauté de Liége. Bruxelles. 1 vol. in-8 de texte et 1 vol. de 78 pl. . . . . 20 »

275. — Catalogue des livres et antiquités, par le même. Anvers, 1835, avec le prix de vente. . . . . 5 »

276. **Robert** (Ch.). — Souvenirs numismatiques du Siége de Metz en 1552. Broch. gr. in-8, 1 pl. . . . . 2 »

277. — Recherches sur les monnaies des évêques de Toul. Paris, 1844. In-4, 10 pl. . . . . 10 »

278. — Monnaies mérovingiennes de la collection Renault. Broch. in-8, 2 pl. 1851.. . . . . 3 »

279. — Considérations sur la monnaie à l'époque romaine. Broch. in-8, 1 pl. 1851. . . . . 3 »

280. — Etudes numismatiques sur une partie du nord-est de la France. 1 vol. in-4, 18 pl. Metz, 1852. . . . . 35 »

281. — Exemplaires avec planches sur carton vélin, papier de Chine. . . . . 55 »

282. — Atlas des monnaies frappées dans les trois cités méridionales de la Belgique. (Extrait de l'ouvrage précédent). 17 pl. . . . . 12 »

283. — Recherches sur les monnaies et les jetons des maîtres échevins de Metz, et description de jetons divers. In-4, 6 pl. Metz, 1854. . . . . 9 »

284. — Le même, papier vélin, pl. sur chine. . . . . 12 »

285. — Extrait d'une lettre adressée à l'Académie de Luxembourg sur une médaille de Jean III l'Aveugle. Broch. in-8, avec vign. . . . . 1 »

286. — Monnoye de Bourbourg. Broch. . . . . 1 »

fr. c.

287. — Description d'une monnaie gauloise du temps de Jules-César. Broch. in-8, 1 pl. . . . . 1 »

288. — La Numismatique mérovingienne considérée dans ses rapports avec la géographie. Broch. in-8. . . . . 1 »

289. — Rapport sur l'ouvrage de M. Carpentin, ayant pour titre : Examen sur l'histoire des monnaies royales de France. Broch. in-8. . . . . 1 »

290. — Tiers de sol d'or frappé à Mauriac. Blois, 1846. Broch. in-8, vign. . . . . 1 »

291. — Tiers de sols d'or inédits. Broch. in-8, 1 pl. contenant 10 monnaies. . . . . 2 »

292. — Découverte de monnaies du moyen âge. Broch. in-8, avec vign. . . . . 1 »

293. — Note sur des monnaies de Postume. Broch. in-8. Metz, 1850. . . . . 1 »

294. — Monnaies de Louis de Montpensier, prince de Dombes. Broch. in-8, vign. . . . . 1 »

Les différents travaux de M. Robert s'adressent principalement aux personnes qui s'occupent de la numismatique nationale et plus particulièrement celles qui s'intéressent aux monnaies du N.-E. de la France. Plusieurs des brochures que nous annonçons sont devenues très-rares, et sont recherchées avec grand soin par les amateurs.

295. **Romano** (Casalio). — De veteribus Ægyptorum ritibus. 1 vol. in-4, avec pl. de médailles et d'antiquités, l'une de Goltzius. Francfurti, 1681. . . . . 15 »

296. **Rossignol.** — Des libertés de Bourgogne, d'après les jetons des États. In 8, vignettes. Autun, 1851. . . . . . . 6 »

297. **Rouyer** et **Hucher.** — Histoire du jeton au moyen-âge. Paris, 1858. In-8, 17 planches. . . . . 6 »

298. **Rouméguère.** — Description des médailles grecques et latines du musée de Toulouse. 1 vol. in-12. Toulouse, 1858. 5 »

299. **Rozière.** — Numismatique des rois latins de Chypre. Brochure in-4, 3 planches. . . . . 3 »

300. **Ruding.** — Annals of the coinage of Great Britain. Londres, 1840. 3 vol. in-4, avec planches. . . . . 125 »

301. — A new and enlarged édition of the annals of coinage of Great Britain and its dependencies. Londres, 1840. 25 livraisons in-4 et nombreuses planches. . . . . 155 »

302. **Saulcy** (De).—Essai de classification des monnaies autonomes d'Espagne. 1 vol. in-8, 12 planches et 1 carte. Metz, 1840. . . . . 15 »

fr. c.

303. — Essai de classification des suites byzantines. 1 vol. in-8 avec atlas in-4 de 33 planches. Metz, 1836. . . . . 35 »

304. — Recherches sur les monnaies des ducs de Lorraine. 1 v. grand in-4, 30 pl. Metz, 1841. . . . . 50 »

305. — Recherches sur les monnaies des comtes et ducs de Bar. 1 vol. in-4, 7 pl. 1843. . . . . 14 »

306. — Numismatique des Croisades. Paris, 1847. 1 vol. gr. in-4, 19 pl. . . . . 40 »

307. — Le même, papier vélin, pl. sur chine. . . . . 50 »

308. — Recherches sur la numismatique judaïque. 1 vol. in-4, 20 planches. Paris, 1854. . . . . 25 »

309. — Souvenirs numismatiques de la Révolution de 1848. In-4 de 60 pages. Paris, 1848. . . . . 10 »

310. — Monnaie de la ville et des évêques de Metz, avec suppléments. 2 vol. in-8 et pl. Metz, 1736. . . . . 15 »

311. — Notice sur quelques monnaies du moyen âge trouvées à Trouville, en 1832. Brochure in-8, 1 pl. 1 50

312. — Observations numismatiques. Metz, 1834-35-36. 5 broch. in-8, avec fig. . . . . 5 »

313. — Deniers carlovingiens déterrés près d'Uzès (Gard). In-8, 1 pl. . . . . 1 »

314. — Monnaies mérovingiennes inédites. Brochure in-8 et pl. 1 50

315. — Notice sur quelques monnaies autonomes d'Espagne encore inédites ou mal décrites jusqu'à ce jour. Brochure in-8, 1 planche. . . . . 1 »

316. — Restitution à Conrad II et à Louis VII de France d'une monnaie classée à Jérusalem. Br. in-8, vignettes. . . . . . 1 »

317. — Recherches sur les monnaies de la cité de Metz. In-8. . . 8 »

M. de Saulcy est sans contredit l'homme qui a fait faire à la science des médailles le plus de progrès dans notre siècle. Il a abordé avec courage toutes les branches de la numismatique et a accompli cette tâche avec un rare bonheur. Parmi les ouvrages les plus remarquables qui soient sortis de la plume de ce savant académicien, il faut citer la *Numismatique des Croisades*, magnifique ensemble de matériaux qui ont contribué à éclaircir beaucoup de points de l'histoire des guerres saintes, et les *Recherches sur la numismatique judaïque*, qui ont fait connaître toute une série de monuments qui jusqu'à présent avaient été mal expliqués où imparfaitement décrits. M. de Saulcy prépare en ce moment une *Numismatique des Gaules* dont l'apparition est ardemment désirée par tous les numismatistes.

318. **Saussaye** (L. de La). — Numismatique de la Gaule Narbonnaise. 1 vol. grand in-4, 23 pl. Blois, 1842. . . . . . 30 »

fr. c.

319. **Savot.** — Discours sur les médailles antiques. 1 vol. in-4. Paris, 1627. . . . . 5 »

320. **Sawasziewicz.** — Le Génie de l'Orient, commenté par les monuments monétaires. 1 vol. in-18. Bruxelles, 1846. 6 »

321. **Schonuisner.** — Catalogus nummorum Hungariæ. 2 vol. in-8 de texte. Pertini, 1807, et 1 vol. de planches. . . . . 45 »

322. **Schroder.** — Numismata Angliæ vetera. 1 vol. in-4, pl. 1833. . . . . 8 »

323. **Servais.** — Sur la fabrication des monnaies dans le Barrois et la Lorraine. Nancy, 1851. In-8. . . . . 1 50

324. **Serrure.** — Observations archéologiques à propos de quelques monnaies inédites de Saint-Omer. Br. in-8, 1 pl. Gand, 1856. (Brochure curieuse.) . . . . 2 »

325. — Notice sur le cabinet de S. A. le prince de Ligne. Gand, 1847. In-12 avec pl. 10 »

326. Notice sur quelques anciens mereaux de Belgique. Br. in-8, 1838. . . . . 1 50

327. **Sestini.** — Descrizione delle medaglie antiche, che si conservano nel museo Hedervariano. 1818. 5 volumes in-4 et pl. 50 »

328. — Descrizione delle medaglie Ispane. Florence, 1818. In-4, planches. . . . . 6 »

329. — Descrizione delle medaglie antiche greche esistenti in più musei compresse in 40 tavole, incise in rame. Parte prima. 1 vol. in-4, pl. . . . . 12 »

330. — Descriptio ex museis Ainslie, etc. 1 vol. in-4, planches. Leipsick, 1736. . . . . 35 »

331. — Lettere et dissertazione, tomo terzio. Florence, 1817. In-4. . . . . 12 »

332. — Id. Tomo quarto. Florence, 1818. In-4. . . . . 12 »

333. — Descrizione delle serie consulari del museo d'Ottavio Fontana. Florence, 1827. . . . . 10 »

334. — Dissertation sur un vase antique de verre. Paris, 1813. . 3 »

335. — Classes générales. In-4. . . . . 12 »

Les différents ouvrages de Sestini se rencontrent rarement dans les ventes. Nous avons pu réunir l'ensemble des publications de ce savant numismatiste dont les travaux ont beaucoup contribué à vulgariser la science de la numismatique. Quelques-unes des publications de Sestini sont devenues aujourd'hui introuvables.

336. **Seguin.** — Selecta numismata antiqua ex museo Petri Seguini. 1 vol. in-4. Lutetiæ, 1674. . . . . 6 »

fr. c.

337. **Smids.** — Romanorum Pinacotheca. 1 volume petit in-4. Amsterdam, 1699. . . . . 8 »

338. **Soleirol** (de). — Catalogue des monnaies byzantines. Metz, 1854. 1 vol. in-8. . . . . 8 »

339. **Soret**. — Lettres à M. de La Saussaye sur les monnaies de Constantin-le-Grand. Br. in-8. . . . . 1 50

340. — Lettres sur la numismatique. Genève. Br. in-8. . . . . . 1 »

341. — Lettres sur les médailles orientales inédites de la collection de M. Soret. Br. in-8 et pl., 2 lettres. . . . . 6 »

342-343. — Diverses brochures sur la numismatique orientale. 1 »

Les publications de ce savant numismatiste génevois ont fait faire de grands progrès à la science des monnaies orientales. Digne continuateur des travaux de l'illustre Fraehn, il est parvenu à réunir une grande et belle collection dont il publie, sous forme de *Lettres*, les principaux monuments. Les *Lettres* de M. Soret renferment une quantité prodigieuse de descriptions de médailles, la plupart inédites, et dont la publication est destinée à éclaircir et à compléter les listes dressées par Fraehn. M. Soret va prochainement mettre sous presse la description raisonnée des monnaies qui composent son riche médailler.

344. **Soultrait** (Comte G. de). Essai sur la numismatique Nivernaise. Paris, 1854. 1 vol. in-8, fig. . . . . 10 »

345. — Essai sur la numismatique Bourbonnaise. In-8, pl. Paris, 1858. . . . .

346. **Spanheim.** — Les Césars de l'empereur Julien. In-4, avec belles fig. Amsterdam, 1726. . . . . 12 »

347. — Dissertationes de præstantia et usu numismatum antiquorum. Londres, 1706. 2 vol. in-fol. . . . . 40 »

348. — *Le même*. 2 vol. Amsterdam, 1671. . . . . 20 »

349. **Steinbuchel.** — Die becher'schen falchen Muntzstampel. Vien, 1839. Br. in-8. . . . . 6 »

350. **Stempkowski** (De). — Notice sur les médailles de Rhadameadis. In-8, pl. 1822. . . . . 2 »

351. **Strada**. — Epitome du trésor des antiquités. Lyon, 1553, avec figures. . . . . 6 »

352. **Thomas**. — Description de cinq monnaies franques inédites. 1854. Br. in-8. . . . . 2 50

353. **Till**. — Descriptive particulars of English coronation medals. 1 vol. in-8, pl. London, 1830. . . . . 5 »

354. **Tochon d'Annecy.** — Mémoire sur les médailles de Marin et Jotapien. In-4, pl. 1827. . . . . 3 »

fr. c.

355. **Ursin**. Familiæ romanæ. Roma, in-folio, pl. . . . . 12 »

356. **Vaillant.** — Numismata imperatorum Romanorum præstantiora a Julio Cæsare ad Postumum tyrannum. Paris, 1793. 3 vol. in-4. . . . . 45 »

357. — Le même. 2 vol. 1692. 25 »

358. — Numismata ærea imperatorum Augustorum et Cæsarum, in coloniis. Paris, 1688. . . . . 25 »

359. — Seleucidorum imperium. La Haye, 1782. 1 volume in-fol., figures. . . . . 8 »

360. — Familiæ Romanæ. 1 vol. de pl. gr. in-8. Amsterdam, 1705. . . . . 15 »

361. — Description du musée de Camps. In-4. Paris, 1695, en latin. . . . . 6 »

362. **Vallemont.** — Nouvelle explication d'une médaille d'or de Gallien, avec la légende GALLIGNÆ AVGVSTÆ. Paris, 1699. In-12. . . . . 2 »

362 *bis*. **Van Henden.**—Numismatique lilloise, in-8. Paris, 1858. 15 »

363. **Vernon**. — Médailles du règne de Louis XV. 1 vol. in-fol., avec 54 planches encadrées.. . . . . 10 »

364. **Vincent.** — Essai d'explication de quelques pierres gnostiques, avec planche. Paris, 1849. . . . . 1 »

365. **Visconti.** — Iconographie grecque et romaine. Gr. in-fol. 7 vol., avec pl., 1817. . . . . 300 »

366. — Le même. 7 vol. in-4, et 2 pl. in-fol. . . . . 120 »

367. — Iconographie grecque des rois et hommes illustres. 3 vol. in-4, et 1 de pl. . . . . 60 »

368. — Medaglie antiche inedite colle dicharazoni. Broch. in-4, 1810. . . . . 3 »

369. **Vosberg.**—Monnaies et sceaux des États allemands. Berlin, 1841, texte allemand. . . . . 15 »

370. **Voillemier.** — Essai sur les monnaies de Beauvais, depuis la période gauloise. In-8, pl. Beauvais, 1858.. . . . . . . 5 »

371. **Weraeus.** — Bildnisse der regierenden fürsten und Beruhmter Manner. 1 vol. gr. in-fol., avec pl. . . . . . . 60 »

372. **Witte** (de). — Description des médailles et des antiquités composant le cabinet de l'abbé G... Paris, 1856. In-8 avec planches. . . . . 5 »

		fr.	c.
373.	— Notice historique sur les anciens seigneurs de Steyn et de Pietersheim. Gand, 1854, avec pl. de médailles. . . .	7	»
374.	— Mémoire sur l'impératrice Salonine. Bruxelles, 1852. In-4.	6	»
375.	**Wree.**—Les sceaux des comtées de Flandres. Burges, 1641. In-fol.	8	»
376.	**Wekefan,** the numismatic dictionary or collection of the nome of alle the coins knowen. Brochur.	2	50
377.	**Zantanus.** — Médailles des douze Césars. Petit in-4, avec pl. Romæ, 1614.	4	»
378.	**Zelada.** — De nummis aliquot æreis uncialibus epistola. 1 vol., pl. In-4. Rome, 1778.	15	»

379.	**Revue** numismatique française, collection complète, par E. Cartier de la Saussaye. 21 vol. grand in-8. Le 21e volume forme la table générale de tout l'ouvrage. Prix des 21 volumes.	320	»
380.	— On vend séparément divers volumes au prix de.	15	»
381.	— La Table générale, par Cartier.	16	»
382.	**Nouvelle** revue numismatique française, par A. de Longpérier et J. de Witte, années 1856, 57, 58, 59. Chaque année. .	16	»
383.	**Revue** de la numismatique belge, par Chalon, de Coster, Serrure, etc., publiée sous les auspices de la Société de numismatique. Le tome 1er de la 3e série est en vente. Un volume chaque année, avec quantité de planches. Prix de l'abonnement.	15	»
384.	**Revue** de numismatique russe, par le commandeur de Koehne, Mémoires de la Société d'archéologie et de numismatique de Saint-Pétersbourg. 3 liv. par an formant 1 vol. de 4 à 500 pages, avec planches (franco pour toute la France).	20	»
385.	Le Cabinet de l'amateur et de l'antiquaire. 3 vol. in-8, avec planches de médailles et d'antiquités, années 1842, 1843 et 1844.	60	»
386.	Diverses brochures et catalogues à.	»	50

fr. c.

387. **Champollion-Figeac, du Mersan, Dacier,** etc. — Recueil de brochures d'antiquités, etc. 3 vol. in-8, rel., avec pl. de médailles, etc. . . . . 15 »

388. — Académie des sciences de Munich. 1 vol. in-4, 1835, avec pl. d'antiquités. . . . . 15 »

389. — Catalogue Denon. 3 »

390. — Catalogue Pembrocke. Londres. 2 vol. . . . . 20 »

391. — Catalogue Thomas. Londres. 2 vol. . . . . 20 »

392. **Struvii, Daumii, Holstenii.** — Diverses brochures sur les antiquités et les médailles. 1 gros vol. in-12, rel. en vélin, avec planches. . . . . 3 »

ARCHÉOLOGIE.

393. **Aldini.** — Antichi marmi Comense. Pavia, 1834. 1 vol. in-8. . . . . 4 »

394. — Sulle antiche lapidi Ticinesi. 1 vol. in 8. Pavia, 1831. 3 »

395. — Lettera sopra un antica moneta di Lodi. Broch. in-8. Pavia, 1836. . . . . 1 »

396. **D'Aloe.** — Naples, ses monuments et ses curiosités. 1 vol. in-12 et pl., 1856. . . . . 8 »

397. **Ameilhou.** — Éclaircissements sur l'inscription grecque du monument trouvé à Rosette. In-4. Paris, 1803. . . . . . . 3 »

398. — Archeologia or miscellanous tracts relating to antiquity. London, 1817. In-4 et pl. . . . . 6 »

399. **Banier.**— Métamorphoses d'Ovide, avec magnifiques figures de Picard. Amsterdam, 1732. In-fol. . . . . 25 »

400. **Barbault.** — Monuments de Rome ancienne. Rome, 1761. In-fol., avec magnifique grav.. . . . . 40 »

401. **Bartholo.** — Museum Odescalchum. 2 vol. in-fol. Rome, 1751. . . . . 25 »

402. **Bellorii.** — Veteres arcus Augustorum. 1 vol. in-fol., belle pl., 1690. . . . . 30 »

fr. c.

403. **Bianchini.** — La historia universale, provata con monumenti. 1 vol. in-4, pl. Roma, 1697. . . . . 6 »

404. **Bœhmer.** — Codex diplomaticus Mœnofrancofurtanus. 1 vol. in-4, avec pl., 1836. . . . . 10 »

405. **Boulainvilliers.** — Essai sur la noblesse de France. 1 vol. in-12. Amsterdam, 1732. . . . . 3 50

406. **Borghesi.** — Nuovi framenti dei fasti consulari Capitolini. Milano, 1818. . . . . 5 »

407. **Campanari.** — Dissertation sur des vases peints. 1 vol. in-4. Roma, 1836. . . . . 4 »

408. **De Carpineo.** — Monuments romains. Texte latin. 1 vol. in-fol. de pl. Rome, 1684. . . . . 20 »

409. — Catalogue des pierres gravées antiques du prince Poniatowski. In-4, rel. . . . . 5 »

410. — Catalogue des objets d'art de la collection Choiseul Gouffier, avec le prix de vente. . . . . 2 »

411-412. **Cattaneo.** — Equejade monumenta antica de bronso. Milan, 1819. In-fol. pl. . . . . 12 »

413 **Catalogue** de nos antiquités. 1 vol. et tableaux. 1 vol. chaque. . . . . 3 »

414. **Causel de la Chausse.** — Romanorum museum. Rome, 1746. 2 vol. in-fol. . . . . 40 »

415. **Clerisseau** et **Legrand.** — Monuments de la France. 2 vol. gr. in-fol. 1 de pl. Paris, 1804. . . . . 50 »

416. **Commarmond.** — Description du musée lapidaire de Lyon. 1 vol. gr. in-4 avec belles pl. Lyon, 1846, 1854. . . . . . 30 »

417. **L'abbé de la Chau.** — Description des principales pierres gravées du cabinet du duc d'Orléans. 2 vol. in-4, planches. Paris, 1780. . . . .

418. **Dancarville.**—Antiquités etrusques, grecques et romaines gravées par David, pl. coloriées. 5 vol. in-8. Paris, 1785. 50 »

419. **Guatani.** — Deux dissertations sur des statuettes antiques et sur les substances contenues dans l'or et l'argent. In-4 relié. . . . . 3 »

420. **Hennin.** — Les monuments de l'histoire de France. Catalogue des productions de la sculpture, peinture et gravure relative à l'histoire de France et des Français. 5 vol. à 10 fr. chaque vol. Les autres volumes sont sous presse. 50 »

fr. c.

421. **Klein.** — Galerie historique des illustres Germains. 1 vol. in-fol. belles figures. Paris, 1806. . . . . 20 »

422. **Lenoir.** — Monuments de la France. 5 vol. in-folio, pl. de médailles et monuments. Paris, 1840. . . . . 40 «

423. **Lydii.** — Syntagma sacrum de re militari, nec non de jure jurando. 1 vol. in-4, 1698, avec pl. . . . . 6 »

424. **Maffeio.** — Græcorum siglæ lapidariæ. Vérone, 1746. In-12. . . . . 1 »

425. **Millin.** — Antiquités nationales. 5 vol. in-4 et pl. Paris, 1790, reliés. . . . . 50 »

426. **Millingen.** — Ancient unedited monuments. 1 vol. in-fol., avec pl. coloriées. London, 1823. . . . . 20 »

427. — Peinture antique de vases grecs. Rome, 1817. In-folio, 52 pl. . . . . 60 »

428. **Monaldinus.** — Novus thesaurus gemarum veterum. 3 vol. in-fol. et pl. Romæ, 1781. . . . .

429. — Monuments d'Italie. Album in-folio oblong. . . . . 6 »

430. **Pahlen.** — Essai sur les hiéroglyphes, ou nouvelles lettres sur ce sujet. Weimar, 1804. . . . . 6 »

431. **Palin.** — De l'étude des hiéroglyphes. 5 vol. in-12. Paris, 1812. . . . . 4 »

432. **Panofka.** — Recherches sur les véritables noms des vases grecs. Paris, 1829. In-folio et pl. . . . . 15 »

433. — Le Lever du soleil sur un vase peint, du musée Blacas. Br. in-4. Paris, 1833. 2 »

434. **Passerio et Monaldinus.** Picturæ Etruscorum, in vasculis. 3 vol. in-folio. Romæ, 2 de texte et un de pl. 1770. . . . . 60 »

435. **Raoul Rochette.** — Monuments inédits de l'antiquité figurée. Paris, 1833. 1 vol. in-folio, magnifiques planches. . . . . 60 »

436. **Reinaud.** — Monuments arabes, persans et turcs, comprenant le cabinet du duc de Blacas. 7 pl. Paris, 1828. 2 vol. in-8. . . . . 15 »

436 *bis*. **Rich** (Ant.). Dictionnaire des antiquités romaines et grecques, traduit par Cheruel. Paris, 1859. In-8. . . . . 10 »

437. **Passalaiqua.** — Catalogue raisonné et historique des antiquites découvertes en Égypte. 2 pl. in-4. Paris, 1826. 3 »

fr. c.

438. **Knight**. — Antiquities in the britisch muséum. 42 pl. en boîte. . . . . 12 »

439. **Sacy** (S. de). — Mémoire sur les antiquités de la Perse. 1 vol., planches. . . . . 15 »

439 *bis*. **Saint-Nom**. — Voyage pittoresque, ou Description du royaume de Naples et de Sicile. 2 vol. in-folio, avec quantité de magnifiques planches d'antiquité et de médailles. Paris, 1781. . . . . 60 »

440. **Tudot**. — Antiquités gauloises. . . . . 20 »

441. — Cartes des voies romaines du département de l'Allier. Gr. in-4. Paris, 1859. . . . .

442. **Labus**. — Ara antica. Milan. In-4, 1 pl., 1820. . . . . . . 8 »

443. **Spon**. — Recherches curieuses d'antiquités. In-4, pl. Lyon, 1683. . . . .

444. **Robinson**. — Antiquités grecques, 2 vol. in-8. Paris, 1858. 12 »

445. **Morel-Macler**. — Antiquités de Mandeure. Montbéliard, 1847. In-4. . . . . 12 »

446 **Thilorier**. — Examen critique des principaux groupes hiéroglyphiques. In-4. Paris, 1832. . . . . 3 »

447. **Veteris** Latii antiquitatum. Romæ, 1771. 2 vol. in-folio oblong, toutes planches. . . . . 20 »

448. **Visconti**. — Lettera sopra la colonna dell imperatore Foca. Roma, 1813. In-4 et pl. . . . . 3 »

449. — Vues des antiquités de Naples. 1 vol. in-folio. Paris, 1825. . . . . 30 »

450. **Wiedewelt**. — Samling of ægyptiske og Romerske Oldsager. In-folio et pl., 1786. . . . . 12 »

451. **Witte** (De). — Choix de terres cuites antiques du cabinet du vicomte Hypp. de Janzé, photographiées par Laverdet. Grand in-folio. Paris, 1857. . . . . 50 »

452. — Descrizione topographica delle antichita di Roma. In-4, 1763, avec pl. . . . . 15 »

453. — Excursions dans l'Afrique septentrionale. Paris, Gide, 1838. 1 vol. in-8 avec pl. d'antiquités. . . . . 4 »

454. — Grand ouvrage de la description de l'Égypte, ou Recueil des observations et des recherches qui ont été faites pendant l'expédition de l'armée française. Paris, 1812. Grand in-fol., avec de magnifiques planches. (Cet exemplaire a été collationné à la Bibliothèque impériale, sous la direction de M. Jomard). . . . . 800 »

Pour paraître prochainement :

	fr.	c.
H. Cohen. — Description historique des monnaies frappées sous l'empire Romain. Tome IIIe (sous presse). Les autres volumes paraîtront à des époques très-rapprochées. Prix du volume.	20	»
L'ouvrage complet 100 fr. pour les souscripteurs. Aussitôt l'ouvrage achevé le prix sera de.	120	»
Poey d'Avant. — Monnaies féodales de la France, tome IIe (sous presse).	36	»
Victor Langlois. — Numismatique du royaume de Géorgie, depuis les temps antiques jusqu'à son annexion à l'empire russe. 1 vol. in-4, avec 10 planches.	20	»
Saulcy (F. de). — Numismatique des Gaules.		
Witte (J. de). — Essai sur les monnaies des empereurs romains frappées dans les Gaules. 1 vol. in-4 avec planches nombreuses.		

Paris. — Imp. de Pommeret et Moreau, 42, rue Vavin.

www.ingramcontent.com/pod-product-compliance
Lightning Source LLC
LaVergne TN
LVHW010309230826
846091LV00007BB/2788

* 9 7 8 2 3 2 9 4 1 3 6 9 3 *